陪女兒說說話

——爸爸一定要告訴女兒的44件事

原著 ■ （英）菲利普·查斯特菲爾德

改編 ■ （韓）吉柱、（韓）張敬根

繪者 ■ （韓）李佾善

譯者 ■ 徐月珠

新雅文化事業有限公司
www.sunya.com.hk

陪伴女兒一生的禮物

　　家裏的小公主就像手心裏的寶，她們就像小天使一樣可愛，看着她粉嘟嘟的小臉，忽閃忽閃的大眼睛，真想永遠守在她身旁，眼睛都不眨一下的看着她，希望她永遠都這麼天真可愛，無憂無慮，開心快樂地成長。

　　可是小公主會一天天長大，開始有各種小秘密，慢慢地長成一位亭亭玉立的少女，去追尋自己的夢想和幸福。愛她的爸爸媽媽，如果真的每天都守在她身旁的話，恐怕還會使她感到束縛呢！

　　可是作為爸爸，怎樣才能將你的擔心化作鼓勵的話語告訴她，既讓她感到父親式的愛和鼓勵，而又能避免碰觸到她敏感的小心思，讓她能夠卸下心防，與你保持親密的互動呢？

　　想一想，沒有比寫信更合適的方式了！

　　早在 18 世紀，本書的原著作者——英國著名的政治家和外交家菲利普·查斯特菲爾德（Philip Chesterfield）就因其所寫的《給兒子的信》（Letters to His Son）而聞名，兩個多世紀以來，查斯特菲爾德寫給兒子的信風靡歐洲各

國，成為西方貴族式教育的典範。這是一位正直的紳士給予孩子們的一生忠告，充滿了父愛的動人表達，感動了全世界千萬讀者的心。

這本《陪女兒說說話——爸爸一定要告訴女兒的 44 件事》，是韓國「疼愛女兒協會」代表張敬根先生和任職於韓國廣播公司的吉柱先生，從查斯特菲爾德所寫的信中精選出 44 篇，進行整理和改編，使其更適合現代親子教育觀念的一本書。

本書從四個方向——「給充滿夢想的你、給學習待人處事的你、給希望男女平等的你、給想要擁有充實人生的你」編著再一一發散，告訴女兒最重要的 44 件事是什麼。在人生的道路上，會遇到各種各樣的困難與挑戰，但是，這最重要的 44 件事，或許能提綱挈領地為女兒在面對困惑時提供幫助。

而對於含蓄且不擅長言表的東方爸爸來說，本書無疑是最適合的送給女兒的寶貴禮物！每一件事，每一封信，都好似爸爸用親切和溫暖的語調在與女兒娓娓交談，道出所有爸爸對女兒的關愛和期望，說出爸爸的心聲。其韓國原版出版後，2 年內重印了 18 次，同時在台灣也是親子教育領域的暢銷書。

作為爸爸的你，還等什麼呢？趕快和女兒一道體味這份成長的溫暖和快樂吧！

爸爸的寄語

親愛的女兒：

　　爸爸多想可以做你永遠的守護者，為你遮風擋雨；多想可以為你的夢想撒上美麗的花瓣，讓你的人生更加多彩多姿，因為你是爸爸心中永遠的小公主！

　　你總是嘟着小嘴問：我長大後會是一個什麼樣的人呢？男生和女生究竟有什麼不同呢？我要怎樣安排自己的生涯呢？

　　我的小公主啊！爸爸可不想讓這麼些小小的煩惱，掩蓋了你那甜美的笑容。

　　所以爸爸將你想知道的都一一寫下來，希望你能夠慢慢地用心感受，爸爸也想用這種方式告訴你，爸爸真的愛你！

爸爸

專家的話

蔡惠雲

遊言輔導中心·遊戲治療師及心理輔導員

爸爸是女兒接觸的第一個男性，爸爸怎樣看待女兒，將成為女兒日後如何跟男性相處的基礎模式。

《陪女兒說說話——爸爸一定要告訴女兒的 44 件事》所用的態度，符合心理輔導所提倡，有助人格成長的三大要素：接納、同理心和安全。「接納」是指接納女兒成長中的掙扎和需要；「同理心」是指明白女兒成長中遇到的困惑及不同的情緒；「安全」是指營造一個安全的空間，讓女兒去探索和成長。

爸爸溫柔地跟女兒談待人接物的態度（要控制自己的脾氣）、夢想、男女平等、性、溝通技巧（不要像老師教導學生的語氣），最重要是爸爸常常表達支援「如果你需要……我在這裏」。

爸爸的心，是希望預先將重要的價值觀灌輸給女兒，希望她不會走太多冤枉路，浪費時光。

父母看了，因應孩子的特質來循循善誘，我相信，自小能有父母支持和引導的女兒，一定不會得「港女」、「公主病」稱號，反而會成為成功、受歡迎的女性。

目錄

給充滿夢想的你

給學習待人處事的你

給希望男女平等的你

給想要擁有充實人生的你

給克滿夢想的你

001 奠定
人生的基礎

你現在正處於人生最重要的階段，所以，爸爸寫信給你，與你分享爸爸的人生經驗。

嗨！親愛的女兒，雖然現在的你，已能自己學習和了解許多事情，但是爸爸還是有些話想對你說。也許你會覺得爸爸太過囉唆，不過，我認為現在這個階段對你非常重要，因此，爸爸想在此時給你一些有用的建議，並且提供我的親身經歷給你參考，希望對你有所幫助。我決定用寫信的方式表達，所以，請不要覺得有壓力，要耐心地看完哦！

人生的基礎須從小學時開始奠定，現在，正是你學習的重要階段。你聽過「時間就是金錢」這句話嗎？這句話的意思是要人們好好珍惜時間，千萬不要虛度光陰；不過，說起來很容易，但是真正能夠做到的人卻是少之又少。由於很多人在小時候都沒有善加利用時間的觀念，所以，爸爸希望你能從現在就開始了解時間的寶貴與重要性，並且學習如何利用時間。

你知道爸爸很喜歡看書吧？爸爸之所以覺得看書是一件很快樂的事，全是因為我上小學時就已經養成閱讀的習慣，不過，我也時常出去玩耍哦！而且，我從來不認為玩耍所耗費的時間是毫無意義的，因為玩耍可以讓我們的人生更加有趣，也能帶給我們許多快樂，因此，我認為，什麼事都不做才是最浪費時間的行為。

未來這幾年將是你人生中最重要的時期，爸爸希望你能過得既愉快又有意義，因為這段時間對你的未來將有很深遠的影響。

002 你長大後想成為什麼樣的人

爸爸希望你能成為一個有夢想的人，因為，
有夢想的小孩才懂得如何完成自己的心願。

你長大以後，想成為一個什麼樣的人呢？又想做些什麼事情呢？

你覺得現在想這些會太早了嗎？其實並不會哦！因為我們所熟悉的偉人，在小時候就已經對未來懷抱着偉大的夢想，並且在長大後盡全力去實現夢想，即使在築夢的過程中無法獲得他人的肯定也不氣餒，仍然為了完成夢想而默默努力與堅持。

我們的人生，也會因小時候的夢想而改變，所以，爸爸希望你也能夠擁有夢想，如果你還沒有思考過自己的未來，那麼，就從現在開始好好地想一想吧！

爸爸希望你能成為一個有夢想的人，而且，我相信，懂得思考未來的小孩，將來一定可以完成自己的夢想。

我們可以根據你現在的夢想，或是你以後可能會擁有的夢想，一起想想你將來會成為一個什麼樣的人，所以，把你的夢想告訴爸爸吧！爸爸或許能給你提供一些幫助呢！

003 永遠保持好奇心

爸爸希望你能像牛頓一樣，為了明白「為什麼」而努力尋找答案。

親愛的女兒，你知道牛頓的故事吧？他是發現萬有引力的科學家。你知道牛頓為什麼會發現從來沒有人想到的地球引力嗎？其實，這是因為他從小就是個好奇寶寶！

我們在生活中常會遇到一些不了解的事情，這時，有的人會認為就算不懂也沒有關係，但是有的人卻會思考「為什麼」，並像牛頓一樣努力地尋找答案。其實，我們平常所使用的物品，大多是因為人們的疑問與好奇心才發明出來的！

爸爸希望你對每件事情都能保持好奇心，並在用心觀察之後，試著提出你的疑問；對於書本的內容或是老師所傳授的知識，不要只是一味地接受，有時也要試著去尋找問題。

要知道，當你對每件事情都懷抱着疑問時，就像是為自己安裝了無數根天線：當你安裝的天線越多，你所接收到的知識電波自然就會越多囉！

所以，從現在開始，為自己多裝一些好奇的天線吧！也許你能比牛頓更加出色呢！

17

004 為人誠實
並充滿自信

常常與人交談或討論，可以使你勇於在大眾面前表達自己的想法哦！

通過交談和討論可以讓我們有效地表達自己的想法與主張。當你在學習新的事物時，不論是通過書本或是老師的教導，多與親朋好友討論，可以讓新知識吸收得更快。換句話說，多與他人討論不但可以幫你解惑，也是最佳的學習方式，而且，通過交談還可讓你對自己的疑惑，有更清楚的認知哦！

當我們跟周遭的朋友討論書本內容或是新聞時，不但能讓自己吸收新的知識，還可接觸到完全不同的觀點，又能觀察別人說話時的神情，並且從中學習說話的藝術，例如，不要不懂裝懂或是說些毫無意義的話等。

常常與人交談、討論，也可訓練自己如何在大眾面前清楚地表達內心的想法。不過，說話時的語氣，千萬不能像是老師在教導學生哦！就算對方是自己的朋友也一樣，最好事先想好你要用什麼方式傳達自己的想法，然後再開始進行溝通；避免使用老師教導學生的語氣，才是良好的溝通技巧。

從現在開始，爸爸希望你能以既真誠又充滿自信的態度與人交談，並且盡情享受說話的樂趣。啊！不如我們全家人今天好好地聚一聚，討論一下每個成員可以做哪些讓這個家更幸福的事情好了，你覺得呢？

005 成功者的秘訣

有夢想就有希望，現在就把你的夢想告訴我吧！當你需要協助時，儘管告訴爸爸，爸爸一定會幫你的！

爸爸今天突然想到一件事，在爸爸認識的人當中，很少有人能夠實現自己小時候的夢想，其中有些人是為了生活而不得不放棄。由此可知，實現夢想並不是件容易的事。

想要實現夢想，就必須不斷地努力，一遇到挫折就輕言放棄的人，是永遠無法達成夢想的；要知道，成功的人之所以能夠成功，就是因為他們從不曾輕易放棄。

你知道中國的籃球選手姚明吧？在他尚未成名之前，憑着對籃球的熱愛和堅持，他艱苦訓練，即使遇到阻礙或挫折，也從未想過放棄，在機遇來臨時，憑藉着長期的訓練和精益求精的態度，成為歷史上首位華人 NBA 新秀狀元。

爸爸希望你能像這些人一樣盡全力實現夢想，而且，既然下定決心實踐，不如把目標定得高一點吧！爸爸想要你知道，當你需要協助時，儘管告訴爸爸，爸爸一定會放手讓你去學習，並且提供任何你所需要的東西，當然也歡迎你隨時找我商量。

只要能夠讓你實現夢想，爸爸一定會盡全力協助你，因為我相信，只要盡力，夢想就會實現，加油吧！

006 媽媽是你最好的老師

不管你遇到什麼困難，媽媽都會親切地指導你，同時她也會是你最好的老師。

　　爸爸今天看到你跟媽媽一起做功課，感覺上，媽媽就像是真的老師一樣，因為她是那麼仔細且用心地在教導你。

　　從你一出生，媽媽就一直是你最好的老師，不論你遇到什麼困難，她永遠會親切地為你指引方向。

　　爸爸想告訴你，媽媽可以教你的東西真的很多哦！所以，只要你有不懂的事情，就儘管問媽媽吧！若是心裏有煩惱也可以找媽媽商量，千萬不要自己一個人承擔；媽媽跟你一樣是女生，有些事情和媽媽溝通一定比跟爸爸說更容易。

　　啊！對了，你待會兒跟媽媽一起去逛超市吧！陪媽媽採購物品或是幫媽媽提東西，一定能讓你們母女倆的關係更加親密，而且，媽媽看到你這麼做，還會有「女兒長大了」的欣慰之感哦！

007 培養
良好的習慣

我們不但要了解自己的好習慣，更要努力地改正壞習慣，這樣才可以提高自己的人格素養，別人也會更加欣賞我們哦！

每個人都有自己的習慣，所謂習慣，就是指一直重複做某一些事情的行為，或是遇到特定事情時所做出的自然反應。

習慣可以分為自己知道的和自己不知道的，以及好的跟壞的四種。首先，了解自己的習慣是很有必要的，因為當你明白自己的壞習慣時，自然懂得如何去改善，最糟糕的是連你自己都不知道哪些是壞習慣，因為這樣將使我們在無意間傷害到他人卻不自知。所以，我們一定要了解自己的壞習慣，並且努力地改正它。

那麼，什麼樣的習慣才是好習慣呢？例如，不要沉迷於電腦遊戲而耽誤了該做的事、做事時態度必須積極而有禮貌、多關心需要幫助的人、不要在背後說朋友的壞話、不吃危害健康的垃圾食物、上課要認真、考試完後不懂的地方一定要問清楚、懂得尊敬父母和老師、努力從事環保、關愛老人等公益事業，這些都是很好的習慣，當然，還有許多我沒有想到的好習慣。

你一定也有令人驕傲的好習慣，爸爸希望你不要忘記現有的好習慣，同時也要繼續維持，讓這些習慣成為你人生的基礎，並借此提升你的人格素養，相信對你的將來一定會有很大的幫助。

008 學習規劃生活

如果你想要超越別人，就要懂得規劃自己的
生活。

　　我們為什麼需要安排自己的生活呢？因為有詳細的計劃，你才不會浪費時間。如果你想要超越別人，就必須懂得規劃自己的生活。

　　不過，詳盡的計劃必須付諸實踐才有意義，爸爸知道你會為自己制定假日計劃表，但是，常常都沒有按照計劃實行，對吧？這樣就不算是一個好的計劃哦！

　　相反的，即使計劃的本身不是很完善，可是，如果能夠切實執行的話，反而會比空有計劃卻沒有實際行動更有效果哦！

　　制定計劃可以讓你的生活過得更有意義，所以，爸爸希望你能夠為自己擬定一份計劃表，並且切實地執行，進而達成你的目標。

009 為自己
説的話負責

說謊最大的損失，就是失去別人對你的信任。

「當你說謊以後，最大的損失就是失去所有人的信任」。

以前的人覺得說出口的話就像是一張保證書，還可用來作為了解他人的指標。但是，現在的人說出來的話卻很容易變卦，有些人甚至根本不遵守約定。

親愛的女兒，爸爸希望你能做一個誠實的人，並且為自己所說的話負責。

爸爸相信你是一個很誠懇的人，因為你那努力遵守約定的樣子，早已深深地烙印在爸爸的腦海裏。

我相信，等你長大以後，這樣的態度將會為你的人際關係帶來極大的幫助。而且，當你日後面臨無法遵守約定的情況時，也一定會以誠懇且負責的態度來克服困難。

010 讚美是進步的最佳動力

每個人都希望被讚美,而這種慾望也是驅使人進步的最佳動力。

你想被稱讚嗎？你喜歡被稱讚嗎？爸爸覺得答案一定是肯定的，對嗎？你一定想問爸爸怎麼會知道？因為每當爸爸看到你一到周末時就會主動早早起牀，主動打掃自己的房間，在去補習班之前做完功課時，就知道你一定很希望在做完該做的事情後，獲得爸爸和媽媽的稱讚，對吧？

雖然你沒説出口，但是，這些舉動卻間接證明了你希望被人稱讚的慾望，而且，這種慾望也會驅使你主動做好該做的事情。

其實，每個人都希望能被稱讚，當一個人不停地受到這種心理的刺激時，就會促使他努力追求進步。而且一旦被稱讚後，不但會因此感到開心，也會為了獲得更多的讚美而更加努力。

但是，如果是一個對任何事都漠不關心，而且容易感到不耐煩的人，稱讚對他而言卻起不了什麼作用，就算別人再怎麼稱讚他，他也只會擺出一副事不關己的態度。相反的，渴望被稱讚的慾望過於強烈，甚至為此不擇手段的人也有問題，因為這樣的人，很容易因此做出別人無法接受的荒謬行為。

只要不是在不擇手段或是有可能傷害到他人的前提下，為了被稱讚而不斷努力是一個很好的現象，因為在這樣的過程中，可以讓你更進一步地發揮自己的能力哦！

011 養成記筆記
的習慣

記筆記就是在擴充自己的知識寶庫。

　　每個人的習慣都不相同，有些人擁有良好的習慣，有些人卻擁有任誰看了都忍不住搖頭的壞習慣。其實，不需要爸爸告訴你，我想，你一定懂得如何分辨習慣的好壞。

　　我們從小養成的習慣，會對我們的人生產生深遠的影響，像爸爸就是最好的例子。爸爸從小就養成記筆記的習慣，不管是在大學唸書時或是進入社會後，始終不曾改變。這個習慣讓爸爸的文筆越來越好。

　　當我們在觀察事物時或是日常生活中，例如：走路時或者是睡覺前，不妨將突然掠過腦海的想法用筆寫下來，相信對你日後想從事的創意工作，會有很大的幫助。當你在閱讀或是聆聽別人說話時，也可以試着將你喜歡的佳句抄錄下來，這些都將成為你最珍貴的無形資產哦！而且，養成這個習慣也能讓你成為一個信守承諾的人，哪怕只是一個小小的約定，你也會認真看待；當然，還能讓你學習對自己的話負責，並且成為一個守信用的人。

　　許多名人都有記筆記的習慣，有的人甚至會在廚房、洗手間或是臥室準備紙筆，以便隨時隨地記錄自己的想法。難道你不覺得人的記憶力很有限嗎？好的想法如果沒有馬上寫下來，說不定轉過身後就忘記了，你一定也有過這種經驗吧？所以，惟有養成記筆記的習慣，才能避免類似的遺憾發生。要知道，記筆記就像在擴充自己的知識寶庫，所以，爸爸希望你能從今天開始，養成記筆記的好習慣。

給學習待人處事的你

012 以單純的心
看世界

親愛的女兒，以單純的心看世界吧！就算現在比不上別人，也不要覺得氣餒哦！

當你在看這封信的時候，這個複雜的世界依然快速地運轉着，你只要看看周圍人的步調就能明白了。看到人們來去匆匆的模樣，爸爸有時候實在忍不住擔心你將來是否能夠適應。

我們為什麼要讓自己過得這麼辛苦呢？為什麼不論男女老少，都這麼拚命地往目標衝去呢？為什麼每個人看起來都像是奮力朝向終點跑去的賽跑選手呢？

每當爸爸看到這樣的場景時，心裏就會覺得很煩躁、很緊張。其實，只要稍微放慢我們的步調、放鬆我們的心情，這個世界就會變得更加美麗。

我的乖女兒呀！爸爸希望你能用單純的心看待這個世界，就算你的步調跟不上別人，也不要覺得氣餒哦！

爸爸不希望你為了求第一而拚命地往前衝；相反的，爸爸希望你在前往終點的過程中，能夠多看看四周的美麗景色，並且多站在別人的立場上想，還要多關心身邊的朋友哦！

013 學習控制脾氣

人類如果不知道如何控制自己的情緒，又怎麼有資格稱自己是「萬物之靈」呢？

今天，爸爸看到你跟最要好的朋友吵架了，那時，我心裏就在想，為什麼你會那麼生氣呢？甚至為此感到有點擔心。

每個人都會生氣，因為「生氣」是每種動物都會有的情緒之一。但是，人類如果不知道如何控制自己的情緒，又怎麼有資格稱自己是「萬物之靈」呢？所以，情緒人人都有，就看你是否能夠控制它。

其實，每個人都會發脾氣，不過，這種情緒不能發洩在別人身上，也不可以悶在心裏。所以，爸爸建議你，每當你感到憤怒時，必須先找出使你生氣的原因，然後，再像哄小孩般地安撫及控制自己的情緒。

雖然我們不應該把脾氣發洩在別人身上，但是也不可以將它悶在心裏，因為一味地忍耐並不是控制情緒的好方法，反而會讓自己累積一肚子的怒氣。控制情緒的最佳方法，就是先找出使我們生氣的原因，然後再尋求解決之道。

你也要學習控制自己的脾氣哦！當你懂得控制自己的情緒後，就會發現圍繞在你周圍的事物變得更加美麗了，而且，你的身心也會感到特別平靜哦！

014 懂得展現長處

一個人的能力再好，如果沒辦法表現出來，
別人又怎麼懂得欣賞呢？

假設現在有兩棟建築物，一棟是雖有百年歷史，但外觀跟屋內的擺設都不漂亮的房子，另一棟是既堅固又美觀的房子，如果是你，你會比較喜歡哪一棟呢？爸爸猜想，你一定會選後面那一棟吧？

人也是一樣的哦！一個功課雖稱不上頂尖，但總是笑口常開、風趣幽默的人，和一個成績名列前茅，卻生性木訥且總是面無表情的人，你會比較想跟誰做朋友呢？

我想，你一定會選擇風趣幽默的那一個吧？因為這個人知道如何表達自己最真實的一面。相反的，生性木訥的那位朋友，成績雖然很好，但是卻不知道如何表達自己。

一個人的能力再好，如果沒辦法表現出來，別人又怎麼懂得欣賞呢？所以，想要展現自己的能力，首要條件就是先讓別人留下良好的印象，例如儀態端莊、對人恭敬有禮、不講髒話，還有聆聽他人說話時要面帶微笑……爸爸希望你能注意且記得這些要點哦！

015 禮貌是成功的第一步

雖然打招呼這種小事看似微不足道,但是卻有可能成為你日後成功的關鍵哦!

人與人第一次見面就是從打招呼開始，就算遇到時常見面的人，只要主動和對方打招呼，就會使對方感到備受尊重，而且也會很期待再見到你；如果有人每次見到你，都開心地主動向你打招呼，相信你一定也會很高興才對。

你知道嗎？其實大人們也是一樣的！有禮貌的小孩跟沒禮貌的小孩，你覺得大人會比較喜歡哪一個呢？

可是，我覺得現在的小孩好像不太會主動跟長輩打招呼呢！我想，可能是他的父母沒有教他吧！我們也可以從打招呼這個細微的小動作了解對方的為人、家境以及他的父母是什麼樣的人哦！也就是說，如果你不懂得主動跟長輩打招呼的話，爸爸和媽媽可能會被人責怪哦！而且，爸爸也可以由此預見你踏入社會後會遇到一些什麼困境，因為，這個社會只欣賞有禮貌的人，至於那些沒禮貌的人，是沒辦法獲得好評價的。

不過，打招呼可不是簡單地說句「你好」就行了。最重要的是要讓對方感受到你的誠意，我相信，只要秉持誠意向人打招呼，對方一定會覺得非常開心。

因此，爸爸希望你能夠發自內心地主動跟人打招呼。雖然打招呼這種小事看似微不足道，但是卻有可能成為你日後成功的關鍵哦！要知道，成功並不是遙不可及的事情，不過，一個人若想成功，就必須從這種小地方開始做起。

016 正確的
禮儀觀念

在這個社會上，不論男女老少都必須遵守禮儀，禮儀就好像是我們的精神糧食。

曾經有人說「禮儀是彼此讓步、互相尊重的行為」，你覺得有禮貌的人應該是什麼樣的人呢？

其實，我們可以從一個人的儀態舉止，判斷這個人有沒有禮貌。此外，一個人的穿著也很重要，我們無須穿著昂貴的衣服，只要選擇適合自己年齡及身分的服裝。髮型也是儀容的一部分哦！我們除了必須注意自己的髮型是否需要修整外，還要保持頭髮的清潔；在面對他人時，也要時常保持笑容，給人留下良好的印象也是禮貌的一種！

說到禮儀，常常會使我們聯想到與長輩之間的相處，不過，並不是要你在面對長輩時，行為舉止都必須呆呆的！只要發自內心、恭敬地向長輩打招呼就可以了。那麼，面對同年齡的朋友時，又該如何表現禮儀呢？就像爸爸說的「就算關係再親密，有些禮儀還是必須遵守」。我們對待朋友要有禮貌、說話時要注意自己的表情跟語氣、不要傷到對方的自尊，同時也要避免太過驕傲，這些都是應該注意的地方。

相反的，我們又該怎樣對待比自己小的人呢？或許你會問我：「他的年紀比我小，為什麼還是必須講究禮貌呢？」爸爸認為，即使是跟年紀比自己小的人相處，也應該像對長輩或是同年齡的朋友一樣尊重，交談時更不可以因為對方的年紀較小而較為隨便或恣意放縱。遵守禮儀是不分年齡大小的，爸爸希望你能將這些準則銘記在心。

017 拒絕的藝術

如果不願意，不如一開始就拒絕：這樣以後才不會覺得尷尬。

有時，我們的社會並不認為誠實是一種美德，就像是我們不可以覺得鄰居阿姨戴帽子很可笑，就老實地跟她說她看起來很好笑一樣，因為這樣並不代表就是誠實的表現。

在某些特殊的情況下，我們並不能表達自己真實的想法，而必須選擇最不傷人的表達方式；不過，也有許多人是因為覺得隱瞞自己內心真正的想法，比較不會招惹麻煩而這麼做！

可是，爸爸並不是要你在任何情況下，都選擇以善意的謊言面對哦！如果你時常說善意的謊言，等到時間久了以後，很容易會因此扭曲你原本對事情的看法，或是使你越陷越深，甚至產生「說謊並沒有錯」的錯覺。最後，很有可能因此喪失判斷是非的能力。

假設，有一位不是很熟的朋友邀請你參加他的生日派對，可是你並不想去，卻又怕直接拒絕會惹他生氣，所以，只好含糊其辭而不敢明確表示自己要不要去。但是，卻在生日派對的前幾天，才找藉口跟他說你沒辦法參加，你覺得他會有什麼反應呢？他一定會認為你根本從一開始就不想來，反而更加生氣吧！

如果你當下就明確地跟他說：「謝謝你的邀請，很可惜我這個周末有事，恐怕沒辦法參加」，我想這樣他就不

會生氣了，而你也不會使自己陷入為難的窘境中。

假如一開始就直接拒絕，以後不是比較不會尷尬嗎？爸爸能夠了解當你面臨說實話可能會吃虧的情形下，只好選擇說謊的苦衷；但是，爸爸還是希望你懂得判斷何時才需要說「善意的謊言」，而不是讓自己成為一個習慣撒謊的人！

018 珍惜會批評你的朋友

真正的好朋友，除了會跟你一起玩耍和互相學習對方的優點外，還會在你犯錯的時候指正你，甚至幫你改正自己的缺點！

爸爸知道你有很多朋友,例如:你有邀請來家裏玩的朋友、放學後一起回家的朋友和同一個補習班的朋友等,哇!這樣看來,你的朋友真的好多哦!當然,我相信你一定還有很多朋友是爸爸沒見過的,對嗎?不過,你有聽過「什麼樣的人交什麼樣的朋友」這句話嗎?

這句話的意思是説,只要看你的朋友就能知道你喜歡和什麼樣的人交往,並可由此了解你是個什麼樣的人。也就是説,朋友其實是反射自己的一面鏡子!

那麼,什麼樣的人才算是好朋友呢?可別以為能和你一起玩耍的人就是好朋友!真正的好朋友除了能夠一起玩耍,還可以互相學習對方的優點,也會在你犯錯的時候指正你,甚至幫你改正自己的缺點。

至於那種看到朋友犯錯卻假裝沒看到的人,最好不要跟他做朋友,因為有天當他犯錯時,一定也會要你假裝沒看到,這樣豈不是兩個人一起學壞了嗎?

但是,如果你不想跟某個人做朋友也不要嫌棄他,因為當你嫌棄他時,他自然就會討厭你,接着,他周遭的朋友也會跟着不喜歡你,如此一來,你便會在無形中樹立了許多敵人,這麼做可是對你一點好處也沒有。所以,就算我們不喜歡某個人,也不需要刻意討厭他。其實,交朋友並沒有想像中那麼困難,只要懂得多多關懷和欣賞他人就可以了!

019 犯錯時
不找藉口

爸爸希望你能成為一個勇於認錯的人，並且
擁有說真話的勇氣。

　　這個世界上，沒有一個人是完美無缺的，每個人都有可能犯錯，最重要的是要告誡自己絕對不要重蹈覆轍，這才是做人應有的態度。不同的人在犯錯後會有不同的反應，有的人會因為不肯承認錯誤而拚命地找藉口；有的人則會為了掩飾自己的過失而犯下更大的錯誤；但是，有的人卻能夠勇於認錯，並且想辦法彌補。

　　前一陣子，爸爸在公事上犯了一個嚴重的錯誤，由於爸爸必須同時處理很多事情，結果竟然不小心遺忘了一件重要的工作，還因此波及到一些不相干的同事。當爸爸發現這件事情的嚴重性時，便決定老老實實地告訴同事，並且在道歉之後將事情做了最完善的處理。

　　假如爸爸當時撒謊，辯稱自己並不知道這件事情，你猜結果會變成怎麼樣呢？所有的同事一定會因為不知道是誰犯的錯而開始互相懷疑，或是把責任推給對方，對吧？你覺得爸爸之所以會主動認錯，難道是因為在那種情況下沒有辦法推卸責任，只好像笨蛋一樣先認錯嗎？還是，你認為爸爸應該一句話也別說，假裝什麼都不知道呢？我想，聰明的你，一定知道這麼做是不對的。

　　結果，這件事並沒有導致爸爸的同事互相懷疑，或是因此忍受他人猜忌的眼光，原因就在於爸爸勇於主動認錯，並且誠懇地向大家道歉。雖然，承認錯誤的確需要很大的勇氣，而一個只會找藉口的人是絕對沒有這樣的勇氣的。所以，爸爸希望你也能勇於承認自己的錯誤，這樣大家才會肯定你是個誠實的人，也會因為信任而放心把事情交給你！

020 不要在背後批評朋友

在朋友背後說他的缺點,或許可以讓你暫時成為眾人的焦點,但是卻會使你因此失去朋友!

　　這個世界上有形形色色的人，有的人聰明，有的人愚笨；有的人儀態端莊，有的人邋遢不堪，你平常是如何待人處世的呢？應該不會因為覺得這個人的智商比較低，就把他當成笨蛋看待吧？如果真的是這樣，那麼，爸爸希望你能反過來想想，如果別人也把你當成笨蛋的話，你會有什麼感受呢？一定會很生氣吧？畢竟，被人當成笨蛋，任誰都不會感到好受的！

　　尤其是朋友之間，千萬不要為了引起他人的注意，而把朋友的缺點或糗事全說出來，這個舉動或許能暫時讓你成為眾人的焦點，但是卻也會因此讓你失去朋友。所以，我們講話時必須謹慎小心，態度誠懇，這樣你的朋友才會覺得你是一個很不錯的人，當你日後遇到困難時，他們也會主動地幫助你。

　　大部分的人都喜歡依照自己的想法做事，並且覺得別人的想法應該和自己一樣，不過，爸爸卻認為這種想法，就像是要求別人的身高、體重都必須和自己相同般的困難，你說是嗎？

　　在你認為自己很優秀以前，試着用謙虛的態度來對待朋友吧！因為這樣會讓你的朋友覺得你很好相處，甚至認為你比他們還要成熟哦！

021 培養良好的
適應力

所謂的「適應力」，就是能讓你在任何地方、任何時間，隨着不同的環境而調適自己的能力。

你知道嗎？人類擁有一項名為「適應力」的厲害絕招。所謂的「適應力」，就是能讓你在任何地方、任何時間，隨着不同的環境調適自己的能力。隨着社會的進步與科學的日新月異，許多事情正在快速地改變當中，因此，我們必須提升自己的適應力，才能跟得上社會的快速變遷。

所以，爸爸希望你不要只懂得回味以前的生活，要試着將眼光放遠，讓自己具備能夠接受任何變化的適應力，並且敞開心門、努力增長人生的智慧。當然，我更期待你能勇於挑戰「不可能的任務」，不斷地超越自我；因為拒絕接受新事物與新想法的人，注定只能有個平凡的人生。

我們很難預測 20 年後的地球會變成什麼樣子，所以，為了應對未來可能發生的變化，你必須讓自己充滿自信、不斷地成長，並且具備足夠的適應力。畢竟，一個充滿自信的人，是不會害怕接受新事物的，也只有這樣，才能勇於接受挑戰！

022 學會愛自己

愛就像會傳染一樣，惟有真正愛自己的人，
才懂得如何去愛別人。

　　女兒啊！爸爸最近常常看到你對着鏡子用心地打扮自己，沒想到你打扮起來竟是如此的自然，爸爸每次看到你，都會有種「我的女兒真的長大了」的感覺，甚至為此感到既欣慰又驕傲呢！

　　由於鏡子可以將我們的模樣真實地呈現出來，而且，鏡子絕對不會說謊，所以，在這個世界上，再也沒有比鏡子更能呈現自己真實模樣的東西了。對待他人就像是通過鏡子觀察自己的動作一樣，當你發現他人正面臨困難時，必須感同身受並且主動伸出援手。這就好比當你對着鏡子吐舌頭時，鏡中的你也會對你吐舌頭；當你用手指着鏡子時，鏡中的你也會用手指着你一樣。

　　而且，愛也是這樣的！如果我們不愛自己，又怎麼懂得去愛別人呢？當你討厭自己、甚至虐待自己時，這種感受便會直接傳達給身邊的人；當你心情不好、哭喪着臉時，周圍的人也會被你傳染而跟你擁有相同的感覺。就算你每天強調自己有多麼地愛朋友，但是，當你用這種表情面對朋友時，朋友又怎麼會覺得你是愛他們的呢？

　　因此，我們一定要先學會愛自己，因為愛就像會傳染一樣，惟有真正愛自己的人，才懂得如何去愛別人。

　　對爸爸而言，你就好比是世界上獨一無二、價值非凡的雕刻品，每當看到你深受朋友的歡迎，爸爸媽媽就為你感到很驕傲。記住哦，如果想讓自己深受朋友喜愛，就必須先多愛自己一點，並且以寬容的心對待朋友，這麼一來，相信你一定可以擁有最美麗的人生。

給希望男女平等的

❤ 你

023 請主動 付出愛心

當你不認為對別人付出愛心是在浪費時間時，一定也會有好事發生在你身上。

愛就是用溫柔的眼神看着對方，並且時時付出關懷；而且，愛是沒有條件的，無論什麼事情，只要無條件地付出愛心，相信總有一天會得到對方相同的回報。當你不認為對別人付出愛心是在浪費時間時，一定也會有好事發生在你身上。

你還記得在我們家附近的地鐵站，總是有個拿着空罐子趴在地上乞討的傷健人士嗎？從現在開始，就算你只有一塊錢也可以捐給他，因為當我們看到別人需要幫忙時，就應該主動提供協助而非坐視不管。

這就像送禮物給別人的道理一樣，就算禮物再怎麼貴重，如果你沒有心意的話，收到禮物的人也不會感到高興。相反的，就算只是一個小禮物，如果你很有心意的話，相信對方也會將它視為貴重的寶物。

還記得爺爺常說的一句話嗎？「真心為他人付出，將會獲得十倍的回報」，這句話其實是很有道理的！因為，這可是爺爺累積了幾十年的人生經驗呢！畢竟，像爺爺這樣受人從心底尊敬的人並不多見，而且，這也是用再多的金錢都無法換取的無價之寶哦！雖然要做到並不容易，但是，爸爸還是希望你能努力地像爺爺一樣擁有散播愛心的偉大胸懷，不能只關心對你有幫助的人哦！

024 男女一樣優秀

男生和女生要努力地了解對方、接受彼此；
當你們可以分享彼此的希望、夢想、恐懼和
優缺點時，誰比較優秀就不再是問題了。

　　男生和女生至今仍為了誰比較優秀這個問題爭論不休，不過，爸爸希望你能明白，其實男女各有所長！雖然男生的力氣比女生大，但是，若是論耐力的話，卻是女生比較佔上風！雖然男生可以在 10 秒內跑完 100 米，可是他們卻比女生還要怕冷呢！

　　以前曾有過一段由女性統治世界的時代，在那個時代裏，負責孕育生命的女性原本是備受崇拜的，可是，當男性提出了更優秀的主張後，女性的地位便漸漸被男性所取代了。

　　但是，「女生比男生差」這個想法卻是毫無根據的，因為女生在某些方面的表現向來比男生出色，例如危機處理能力、誠實和刻苦耐勞等特質，而且女生也比男生更懂得體諒他人。

　　男生和女生要努力地了解對方、接受彼此。當你們可以分享彼此的希望、夢想、恐懼和優缺點時，誰比較優秀就不再是問題了。因為，當男女之間能夠互相欣賞彼此的能力，並且包容對方的缺點時，原先的妒忌心理便會自然消失，進而維持平等的關係。

025 別讓困境嚇倒自己

生命中總會發生許多大事與危機，但是，危機總有一天會消失。

　　記得不久之前，有一天，爸爸下班回家時，看見你整個人蜷縮在沙發上，當時的我，很擔心你是不是哪裏不舒服，後來才知道原來你是因為第二天要考試，感到壓力太大才這樣。

　　不過，在爸爸陪你溫習了幾個小時的書以後，你卻說你覺得唸書很輕鬆，那時，爸爸認為你

早已理解大部分的課本內容了，撇除你已經學會的部分不談，其實你真正需要準備的內容並不多；只要明白這一點，自然就會覺得唸書很輕鬆囉！就像有些你認為「絕對不可能完成的事」一樣，只要願意去嘗試，你將會發現，事情並沒有想像中那麼困難。

　　人的一生中難免會遭遇到許多困境，例如求學、踏入社會以及成為父母養育下一代等，但是，只要你有堅強的意志力，這些困境就沒有什麼好害怕的。如果一心只想要逃避，或是做任何事情都缺乏信心的話，就算是再簡單的問題你也無法處理，甚至從此一蹶不振。

　　生命中總會發生許多大事與危機，但是，危機總有一天會消失，所以，千萬不要認為自己是女生就做不到哦！爸爸期望你能慢慢培養面對危機時的堅強意志力。

026 坦率地
與異性相處

學習如何以坦率的態度與男孩子相處吧！這
樣男孩子也會真心喜歡你的！

　　男生和女生是不同的，不論是想要的東西、喜歡的物件，或是可以做的事情等，都有着許多的差異，可是，不要因為這樣就誤以為兩性之間無法相處，也不要因為感覺到彼此的不同，就排斥和男生接觸哦！

　　男生和女生最大的差異就在於男生從小就開始學習如何讓自己擁有成功的人生，而且，男生普遍認為，一個成功的人生，必須同時擁有財富與名譽，否則就不算成功。

　　此外，男生們從小就被灌輸「絕對不可以輕易表達內心感受」的觀念，因此，大人們常會這樣告誡男生：「堂堂男子漢，這點小事怎麼可以覺得辛苦呢？就算再痛苦也得忍耐！」然而，在這樣的教育下，便使得男生從不輕易表現自己柔弱的一面。

　　爸爸猜想，看到這裏的你一定會問：「那到底該如何跟男孩子相處呢？」其實，只要仔細聆聽他們說話，並且給予適當的回應，讓他們知道男孩子也是有情感的平凡人，當然可以表現出感性或柔弱的一面。只要學着像這樣和男孩子相處，他們自然就會慢慢地喜歡上你囉！

027 給初次面對月經的女兒

月經的來臨，代表你已從女孩轉變為成熟的女人，而且也意味着你已經能夠孕育新生命了！

聽媽媽說，你剛剛經歷了成為大人的第一個關卡；當爸爸聽到這個消息時，真的很高興，沒想到，平常總是像個小女孩的你，居然已經有月經了呢！爸爸為健康長大的你感到十分高興，內心更是充滿了感激。

不過，聽說你被突如其來的月經給嚇哭了，還好有媽媽在一旁說明原因與處理方式，所以你很快就鎮定了下來。

其實，月經的來臨，代表你已從女孩轉變為成熟的女人，而且也意味着你已經能夠孕育新生命了！所以，千萬不要覺得害怕，這可是一件值得慶祝的事呢！人類就是因為不斷地孕育新生命，才能在地球上生生不息、不斷發展。月經的到來，就代表着你已經具有執行這項偉大任務的資格了！現在，你應該知道自己的身體有多麼重要了吧？

從今天開始，你將對兩性之間的差異抱持更多的疑問，爸爸希望你能記得，當你心裏存有疑問時，不要自己悶頭去尋找答案，不妨多問問爸爸和媽媽，千萬不要覺得不好意思，也不要偷偷放在心裏；只有擁有正確的觀念，才不至於讓自己犯錯。

最後，爸爸要在這裏，再次祝賀你健康長大，成為一個成熟的女孩子！

028 與異性交往的正確態度

當你心中感到一絲懷疑時，就應該讓自己立刻遠離。

爸爸問你，如果有一位男同學想和你成為好友的話，你覺得他必須具備哪些條件呢？此外，你覺得和男同學交往的條件，會和跟女同學交往時一樣嗎？爸爸希望你不要以相同的標準來衡量你跟男同學之間的關係，即使你覺得這樣交朋友比較簡單、容易。

爸爸知道，在你這個年紀，想要你了解並且區分男女交友的條件，其實是有些困難的；因為現在的你，正處於對男生充滿好奇的階段。

不過，爸爸希望你除了懂得分辨善與惡、聰明與愚昧外，也要相信自己的第六感。「當你心中感到一絲懷疑時，就應該讓自己立刻遠離」，也就是說，當你覺得「他好像有一點不對勁」時，就應該立刻和這個人保持距離，即使不清楚對方究竟是哪裏不對勁也無所謂。

記住，一定要相信自己的感覺，因為人的第六感不但非常準確，而且還可以用來保護自己。此外，在以樂觀開朗的態度和人相處時，也要學習觀察他人，更要懂得珍惜自己。

不論是男同學或女同學，都應該從他們的言行舉止來判斷是否要和對方成為朋友。還有，跟男同學相處的時候，要專心地聆聽對方說話，同時，也要仔細地觀察他們，並且以正確的態度來面對異性！

029 幸福要靠自己爭取

如果你常常期望自己能夠幸福，這種想法就會在不知不覺中變成一種信念。

　　「我哪有這種好運氣呀！」在日常生活中，我們常常會以這句話來讓自己放棄快樂的機會，我想，這大概是因為在我們的成長過程中，常會聽見別人對我們說：「你為什麼這麼差呢？」或是「你做錯了！」之類的話，這些話就像是我們對自己說「我做不到」或「我怎麼可能會成功呢」一樣的令人感到挫折，甚至使我們在不知不覺中，拒絕接受讓自己幸福的機會。因此，爸爸想告訴你如何才能遠離挫折。

　　首先，你必須仔細地觀察自己。先問自己活得開不開心？生活中有沒有什麼壓力？還是只是自己在鑽牛角尖罷了，或是自己給自己壓力等；先找出讓你覺得不幸福的原因，再思考自己為什麼會一直遇到這種事情。

　　其次，要不斷地告訴自己「我一定要幸福」、「我是天底下最幸福的人」。如果你常常期望自己能夠幸福，這種想法就會在不知不覺中變成一種信念；有了這種信念，不但會讓你覺得自己是幸福的，還會使你在遇到悲慘或哀傷的事情時，將它想成是快樂而幸福的。即使面臨失敗時，也會覺得那只是個小小的挫折，這樣一來，才能進而擁有積極樂觀的人生觀。

　　假如你在面對事情時，一開始就抱着否定的想法，或是覺得自己無法做到，最好的辦法就是找人商量，所以，爸爸隨時歡迎你來找我討論哦！畢竟，幸福的人生一定要靠自己爭取，讓我們一起努力吧！

030 睡眠要充足

如果想讓疲憊的頭腦恢復清醒，最好的方法就是睡覺。

你最近看起來似乎很疲憊，爸爸看了實在好心疼。你知道「疲憊」是什麼意思嗎？「疲憊」就是指身體或頭腦已經累到無法再做或再思考任何事情的意思。舉例來說，當我們搬東西時，剛開始並不覺得重，但是，過了一段時間後，卻會覺得沒力氣繼續搬了，這就是我們的身體感到疲憊時所反映出來的徵兆！同樣的，當我們用腦過度時，身體也會覺得疲憊，這時，就表示我們需要休息了！

休息的方法有很多種，其中最好的方法就是睡覺。醫學證明，當我們用腦過度時，睡覺是改善疲憊的最佳方法。當我們睡覺時，身體會處於休息的狀態；等我們一覺醒來，身體就自動補充好體力了。因此，一旦我們缺乏睡眠，便無法補足身體所需的能量，第二天自然也就無法完全發揮能力。

像你這個年齡的小孩，一天必須睡足 8 個小時，千萬不要為了看電視或是玩遊戲而熬夜，這樣不但會導致睡眠不足與身體疲倦，第二天上課時也不容易集中精神，所以，爸爸希望你每天都能準時上牀睡覺。其實，睡眠的時間並不需要太長，擁有良好的睡眠質素才是最重要的。所以，在你睡覺之前，記得要盡量放鬆心情哦！

總而言之，維持健康、消除疲勞的最佳方法就是睡覺，我想，你應該已經清楚了吧！不妨就從今天開始嘗試看看吧！不過，可別睡過頭了哦！

031 為了健康，請遠離快餐

常吃垃圾食物會導致營養不均衡，而使肌肉和骨頭無法健康地成長，甚至還會導致發胖呢！

你現在正值發育期，看着你一天天地成長，爸爸就感到好驕傲。不過，有件事情卻讓爸爸忍不住擔心，那就是你跟許多小孩一樣，都喜歡吃垃圾食物，喜歡吃快餐。

爸爸知道這類食物非常方便，而且味道也很好，但是，這些食物通常含有很多對人體有害的防腐劑、色素以及人工調味料，此外，脂肪和碳水化合物的含量也很高；像你這種正值發育期的小孩，若是常吃垃圾食物的話，會很容易導致營養不均衡，而使肌肉和骨頭無法健康地生長，甚至還會導致發胖呢！你一定不希望自己變成小胖妹吧？

想要維持健康與營養均衡，就要多吃營養豐富的食物，並且拒絕毫無營養價值的垃圾食物。所以，爸爸希望你每天都要吃米飯、肉類和蔬菜類的食物，至於含有脂肪的食物，只須達到必需攝取量即可，千萬不要暴飲暴食哦！

032 健康比身材更重要

體重多少並不重要，重要的是身體健不健康！

　　「我太胖了，我要減肥！」記得你上次照鏡子時說這樣的話，老實說，爸爸當時真的被你的話給嚇到了，因為爸爸覺得你現在的身高跟體重完全符合你的年齡，沒想到你竟然執意要減肥。

　　我想，你一定是認為身材苗條才算漂亮吧！其實，這種觀念並不正確哦！

　　體重多少並不重要，重要的是身體健不健康！你不需要像明星一樣，為了工作需要而必須擁有苗條的身材；只要你能喜歡並且滿意自己的身材，就不會成天想要節食和減肥了。

　　但是，如果你覺得你已經胖到會給自己帶來壓力的話，就應該主動找人幫忙，千萬不要放棄自己，一定要主動尋求協助啊！

033 男女是平等的

為什麼這個社會存在着男女不平等的現象呢？那是因為自古以來，男性自認為自己的地位比女性高，而這種優越感便促成了這樣的社會偏見。

　　你一定有過這種想法吧？男女之間究竟有什麼不同呢？其實，男女之間的關係原本應該是平等的，但是，卻有人認為男女本來就不同，甚至還有人覺得女人是來自遙遠國度的人種，而這些想法便造成社會普遍存在着男女不平等的現象。

　　你覺得爸爸和媽媽之間的關係怎麼樣呢？我想，你一定會說：「都一樣啊！」既然爸爸跟媽媽在家裏的地位是平等的，那麼，這個社會為什麼會有男女不平等的現象呢？其實，這是因為自古以來，男性總是自認為地位比女性高，而這種優越感便促成了這樣的社會偏見。

　　就拿每年的重大節日來說吧！每逢到了這個時候，媽媽們都得忙着做菜，但是大部分的爸爸卻會以自己幫不上忙為藉口，而在一旁納涼或是無所事事，對吧？想想看，當媽媽們忙着做菜時，如果爸爸們主動幫忙，那種感覺一定很棒吧！只可惜，爸爸們總會以「男人該做的事跟女人是不一樣的」為由，說句「我不要」或是「我又不會做」後就走開了。

　　由於一般大眾對性別差異都有着刻板印象，認為男性象徵「力量、知識、文化」；而女性則象徵「順從、感性、孕育生命」，所以，當某些女性在工作上表現得很積極時，就會被男性批評不像女人。但是，爸爸想告訴你，男人和女人一樣完美，雖然彼此間有很大的差異。

給想要擁有充實人生的你

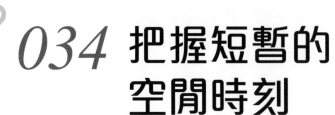

034 把握短暫的空閒時刻

時間就像流水一樣一去不復返,就算一個小時或一分鐘,我們也不可以浪費,因為只要將這些短暫或瑣碎的時間累積起來,就是一段很長的時間哦!

「時間就是金錢」這句話說起來容易，但是，真正懂得運用時間的人卻是少之又少；尤其是小孩子，更容易因為不了解時間的重要性，而輕易浪費了寶貴的光陰。但是，對爸爸這個年紀的人來說，時間就像流水一樣一去不復返，所以，就算一個小時或一分鐘也不可以浪費，因為只要將這些短暫或瑣碎的時間累積起來，就是一段很長的時間！

那麼，怎樣才是懂得運用時間的人呢？舉例來說，從你放學到去補習班之前，中間有 30 分鐘的緩衝時間，你會怎麼利用這段時間呢？我猜，你可能會看電視或是玩電腦遊戲，對吧？

但是，如果是我的話，我會利用這段時間看一會書，不一定是跟功課有關的書，就算是看看漫畫也可以——因為好的漫畫書可以讓你的身心充分放鬆，也可以學到很多知識，當然，並不是要你一定得看書不可，畢竟玩耍也是很重要的。

總之，爸爸希望你一分一秒都不要浪費，你知道嗎？爸爸有位很會利用時間的朋友，他連在等巴士或地鐵的時候，都會抓緊時間看書，甚至已經利用這些短暫的時間看完了好幾本書呢！雖然這位叔叔看的都是一些漫畫或是休閒類的書籍，但是，至少他懂得將別人常常會浪費掉的時用拿來看書，你不覺得他就是一個很會利用時間的人嗎？

035 玩樂
並不是壞事

如果你知道自己喜歡幹什麼，就放手去做吧！因為不知道自己喜歡什麼的人，不管做什麼都不會覺得開心。

　　還記得爸爸曾説過玩樂也很重要吧？但是，這個説法有一個先決條件，那就是你必須了解自己到底在玩些什麼；如果你不明白玩樂的真正意義，就無法從玩樂的過程中獲得真正的快樂，這麼一來，便等於是在浪費時間。

　　爸爸希望你能玩得很快樂，但是，若想了解玩樂能帶給你什麼樣的快樂，其實並不容易。爸爸小的時候，也是滿腦子只想着玩，可是後來卻  覺得未經思考的玩樂根本是在浪費時間，所以，便開始接觸對自己有益處的遊戲。

　　「玩樂」的原意是好的，不過，必須懂得選擇自己真正喜歡的，一味地跟着別人玩或模仿別人並不正確。

　　什麼事情會讓你覺得快樂呢？如果你知道自己喜歡什麼，就儘管放手去做吧！因為不知道自己喜歡什麼的人，不管做什麼都不會覺得開心。

036 多去郊外走走吧

自然界裏的萬物不會互相怨恨、彼此妒忌，
更不會索要無度。

　　爸爸小時候非常喜歡郊遊，我最喜歡帶着便當去爬山，然後和朋友玩尋寶遊戲，有時甚至還會有種錯覺，覺得自己就像是森林裏的動物呢！每次到戶外散步，欣賞美麗的花草樹木、寬廣的晴空和澄澈的湖泊後，都會讓我的心情變得格外舒暢。

　　由於大自然裏的萬物並不會互相怨恨、彼此妒忌，更不會索要無度，每當大自然依照季節換上不同的面貌時，萬物也會依照季節的不同，學習不同的生活方式。所以，人們才會說大自然是我們最偉大的老師，也是我們的好朋友；常常接觸大自然的孩子，不但情緒會比較穩定，也比較懂得表現自己。

　　我們要不要利用這個周末去爬爬山呢？不要一直待在家裏看電視、玩手機和 iPad，不如偶爾爬爬山、欣賞大自然或曬曬太陽吧！相信一定會讓你有種完全放鬆的感覺呢！

037 學習正確的金錢觀

正確使用金錢的觀念必須從小開始養成，這樣長大以後才懂得如何理財。

　　你聽過「視錢財如糞土」嗎？這句話的意思是要我們不要太重視金錢或物質等身外之物，也不要有金錢萬能的觀念；不過，金錢在我們的日常生活中，仍然佔有非常重要的地位，因為沒有錢就無法維持生活，也不能買東西，所以，人們還是必須擁有足夠的金錢來應付生活所需。

　　可是，我們應該如何使用金錢呢？只要是自己的錢就可以隨便花嗎？當然不是！花錢可是有方法的哦！比較恰當的說法應該是「正確使用金錢的方法」。正確的金錢觀必須從小開始養成，這樣長大以後才懂得如何理財。那麼，怎樣才是正確地使用金錢呢？舉例來說，爸爸認為，只要和唸書或是娛樂有關的錢都不應該省。

　　聰明的人懂得從小開始學習如何使用金錢，絕不把錢花在對自己毫無益處的地方，而且，該花錢的時候絕對不會心疼，還會盡情享受花錢的樂趣。可是，愚笨的人卻不知道如何判斷花錢的時機，常讓自己活在懊悔之中。人若是不懂得自我節制，就算再怎麼有錢，最後也會變得一毛不剩！也就是說，若是懂得把錢花在自己需要的事物上，不但可以滿足自己的需求，還可以從中獲得更多的東西！

　　學習正確使用金錢的最好方法就是養成記賬的習慣：只要將自己所花費的每一塊錢都詳細地記錄下來，自然可以了解自己花錢的情況囉！

　　還有，花錢的時候要多為他人着想，你問我花自己的錢跟別人有什麼關係啊？有！因為爸爸希望你在花錢的同時，也能多幫助別人呀！

　　例如，100 元對我們來說是個很小的數目，但是，對某些貧窮地區的家庭來說，卻是一個月的薪金呢！

　　雖然對你而言，只是為數不多的金額，但是，對某些人來說可能是筆很大的數目；將錢花在比我們更需要幫助的人身上，也是很不錯的使用方法！當然，我們不能只在有閒錢的時候才幫助他人，平時就應該懂得如何節省與使用金錢，這才是正確的金錢觀！

038 通過歷史
來了解世界

人類的歷史巨輪從來不曾停止轉動，所以，
你人生中的每一刻都是歷史的一部分。

　　每一個人種都有自己的祖先，人們會利用祖先流傳下來的有形和無形資產生活，然後隨着時間的流逝，再傳給自己的下一代。像這種隨着時間流逝而傳承下來的生活痕跡就是歷史。由於人類的歷史巨輪從來不曾停止轉動，所以，你人生中的每一刻都是歷史的一部分哦！

　　平常你了解歷史的方法，應該都是通過書本吧？因為我們無法搭乘時光機回到過去，所以只能通過書籍來了解過去的歷史。

　　歷史書籍通常會敍述事情的前因後果，不過，不要認為歷史書上所寫的內容一定完全正確，也不要全盤接受書裏記載的內容；記住，在研讀歷史的時候，不要忽略了當時的社會文化等情況，而且，撰寫歷史的人，多少會加入自己主觀的看法，所以，歷史有時會跟事實有些出入。

　　因此，想要學歷史，就必須先了解當時的政治、社會及文化背景，並且養成以自己的觀點加以分析、研究的習慣。和只是單純呆板地讀書相比，養成這樣的習慣可以讓你了解如何研讀歷史書籍，並且從中獲得無窮的樂趣呢！

039 學習外語 拓展視野

世界是一個共同體，甚至現在大家把地球稱之為「地球村」！這就說明，國與國之間、地區與地區之間，交流越來越密切。

世界是一個共同體，甚至現在大家把地球稱之為「地球村」！這就說明，國與國之間、地區與地區之間，交流越來越密切。

各種文化交流頻繁，經濟貿易往來密切，因此，對於會多種語言的人才需求也就越來越大了。

像你這個年紀的小孩，掌管語言的腦部活動正處於活躍時期，學習外國語言自然比較容易，所以，爸爸建議你有機會的話，一定要多多學習各種不同的語言。當然，前提是在你對各種語言感興趣的情況下。如果，你對學語言確實不感興趣，那麼，爸爸也建議你一定要學好英文。因為在現在這個社會，英文仍舊是一項國際間交流的重要語言工具。

同時，學習不同的語言，在你以後的出國旅行中，對熟悉當地的交通、住宿等資訊也是很有幫助的；當你長大一些後，爸爸相信你也會慶幸自己在小時候學習了不同的語言，因為它會在你的工作甚至生活中都能起到意想不到的幫助呢。

你現在應該了解我們為什麼要學習不同的語言了吧？

040 閱讀書籍
不應設限

廣泛地接觸各類書籍才是最好的閱讀方式。

「書是心靈的糧食」，雖然人們一直在強調這句話，但是，書並不是看得越多越好哦！看完之後，能夠充分地吸收內容，並且將它變成自己的知識，才是最好的讀書方式。也就是說，我們必須懂得靈活運用書本裏的知識，並且將通過書本所得到的經驗運用在自己的日常生活中。

特別是在你這個年齡的孩子，千萬不要只看同一類的書籍，不妨同時接觸文學、科學及歷史類的書籍，因為廣泛地接觸各類書籍才是最好的閱讀方式。

爸爸覺得你好像比較偏愛閱讀科學方面的書籍，這並不是良好的閱讀習慣哦！因為只看科學類的書籍，會使你在接觸內容比較有深度的小說或是詩歌時，產生閱讀上的困難，甚至使你覺得這些書都很無聊；此外，假如你一直看漫畫的話，當你閱讀一般書籍時，也會有類似的困難呢！

所以，爸爸希望你能從現在開始，養成廣泛閱讀各類書籍的習慣。

041 培養良好的學習習慣

只有上課時認真聽講的學生才能永遠領先他人。

爸爸希望你能夠堅強且健康地成長，並且將重心放在學習上面，我想，這應該也是全天下的父母對子女的心願吧！爸爸這麼說，並不是只是要你專心唸書，而是想告訴你更有效率的學習方式——如果你覺得爸爸的方法不錯，不妨嘗試看看吧！

其實，只要看看你的朋友就知道了，現在的小孩子常會覺得只在學校學習還不夠，所以，很多人便會參加補習班，或是額外再買參考書來看，導致自己連跟朋友一起玩耍的時間也沒有。每次一想到這裏，爸爸就會覺得於心不忍，因為並不是這麼做就可以把書唸好。

懂得如何運用時間，並且思考更有效率的學習方式才是最重要的。以爸爸自己的經驗來看，我認為最有效的方法就是上課的時候認真聽講；你只要按照爸爸的方式去做，等到考完試之後，自然就知道爸爸這麼說對不對了。就算你參加再多的補習班、買再多的參考書，如果上課不專心聽講，一定還是無法得到高分；簡單地說，只有上課時認真聽講的學生才能永遠領先他人。

另一個方法就是在考前為自己製作一份模擬試卷。雖然剛開始時，你不一定知道重點在哪裏，不過，只要經過幾次練習後，自然就能抓住要領。特別是你上了中學以後，每一個科目的老師都不一樣，只要上課時集中精神聽課，便能輕易地掌握考試的重點，因為老師上課時所講的內容

都是考試的重點，所以，只要認真聽課，一定能獲得好成績。

最後，爸爸要提醒你，除了考試前的準備外，平時的溫習也很重要哦！爸爸希望你能養成課前預習的好習慣，這樣可以幫助你了解、並且記住上課的內容。如果忘了預習，那就利用 10 分鐘的下課時間大略看一下吧！只不過這種效果沒有事先預習那麼好。

如果你能徹底實行上述的學習方法，那麼，你在考試期間就不會感到焦急，也不需要熬夜溫習，甚至還會覺得唸書是件很容易的事呢！

要別人時時督促你唸書並不是件好事，只有你自己了解讀書的目的，以及體會學習的必要性，才能養成良好的讀書習慣，爸爸希望你能明白這個道理，並且依照爸爸教你的方式唸書，相信一定可以增加玩耍的時間哦！

042 試着培養自己的愛好

愛好可以讓你打發時間，而且好的愛好對你日後找工作也會有幫助哦！

　　爸爸今天想跟你聊聊有關爸爸年輕時的事情，記得爸爸在上了大學以後，一直很羨慕那些參加學會的同學。爸爸的同學介紹我參加他們的寫作學會，因為我們兩個的興趣相似，所以常會互相交換彼此的文章，並且給對方提一些意見，我們的寫作能力也就在不知不覺中慢慢進步了。你知道爸爸那位朋友的愛好是什麼嗎？就是看《漢語辭典》！怎麼會有人的愛好是看《漢語辭典》呢？很有趣吧？爸爸剛開始也以為他是在開玩笑，但後來知道這確實是千真萬確的事。由於爸爸從來沒有想過要看辭典，總以為自己說的話都是對的，因此，這件事給了我很大的影響。從那時起，我才了解到他的寫作能力是如何培養的，而這件事也讓我對「愛好」的看法，有了很大的轉變。

　　那麼，愛好到底是什麼呢？當你對某一件事很感興趣，並且很認真地去做時，就是所謂的「愛好」。你的愛好會提升你在這方面的潛力，讓你展現比別人更出色的才華。不過，大部分的人都以為愛好應該是一項特別的活動，而這也讓許多人因此有了藉口，例如「培養愛好應該要花很多錢吧？」或是「都已經沒時間唸書了……」等，所以，很多人會覺得有沒有愛好都無所謂。可是，只要看看爸爸的朋友就能知道，愛好不但不需要花錢，而且也不會浪費時間哦！愛好可以讓你打發時間，而且好的愛好對你日後找工作也會有幫助！畢竟，從事自己感興趣的工作總是比較快樂，而且也會感到很欣慰！在求學階段中，只會唸書並不是正確的生活態度，所以，爸爸希望你除了唸書以外，也能擁有一項特別的愛好。

043 保持一顆 樂觀的心

當你覺得很累、很難過的時候，更要保持樂觀的態度，因為你的心態將決定事情的發展。

爸爸想跟你說的是，就算遇到困難，也不要受到環境或事情本身的影響，惟有保持樂觀的態度才有辦法突破困境。

　　樂觀的態度是指就算碰上再困難的事情，也不要存有「我不行」的否定想法——要以「事情會好轉的」或是「我一定做得到」的心態來自我勉勵。

　　生活中有許多快樂的事情，當然也會有遇到困境的時候；就像到郊外爬山一樣，當你爬上山後當然也要下山囉！因此，不論是好事還是壞事，都不會一直降臨在你身上。

　　許多人一遭遇困境時就會自怨自艾、自暴自棄，這種態度是最不好的！雖然人在脆弱的時候，碰到許多事情都會感到挫折或是想要放棄，但是，這樣並不能解決問題呀！

　　如果你這次的考試成績很糟糕，而你只會自怨自艾的話，你覺得下一次的考試會怎麼樣呢？爸爸當然知道你會感到很難過、很失望，也會覺得對不起爸爸媽媽。但是，當你覺得很累、很難過的時候，更要保持樂觀的態度，因為你的心態將決定事情的發展，甚至足以左右事情的結果。

　　所以，我親愛的女兒，如果你以後碰到這樣的情況，記得一定要保持「事情會好轉的」或是「我一定做得到」的樂觀態度來克服逆境，了解爸爸的意思嗎？

044 勇於挑戰自我

這個世界永遠在等待有勇氣挑戰的人，不限身分、不分年齡，只要勇於挑戰，機會永遠都在。

　　這個世界永遠在等待有勇氣挑戰的人，不限身分、不分年齡，只要勇於挑戰，機會永遠都在。

　　記得爸爸在就讀高中以前，從來沒有想過以後要做什麼，每天只想跟朋友出去玩耍。

　　有一天，我的老師突然叫我去教員室，當我走進教員室時，便看到爺爺婆婆正在跟老師談話，由於爸爸當時並不是好學生，所以，我便猜想老師一定在跟爺爺婆婆講我做了什麼壞事；可是，沒想到，一直很信任爸爸的爺爺婆婆，認為爸爸絕對不是個壞小孩，反而回過頭來指責那位不信任我的老師；就是因為這件事情，讓我下定決心，為了父母也為了我自己，我一定要改過自新、努力向上。

　　假如沒有發生那件事，也許爸爸直到現在都還不敢挑戰自我和挑戰這個世界，因此，爸爸希望你能夠和我一樣，不論動機是什麼，都要勇於接受挑戰。

　　記住爸爸所説的話，這些話對你的人生非常重要，因為你的挑戰已經開始！

陪女兒説説話
——爸爸一定要告訴女兒的 44 件事

原　　著：〔英〕菲利普·查斯特菲爾德（Philip Chesterfield）
改　　編：〔韓〕吉柱、〔韓〕張敬根
繪　　畫：〔韓〕李佾善
譯　　者：徐月珠
責任編輯：曹文姬
美術設計：李成宇
出　　版：新雅文化事業有限公司
　　　　　香港英皇道 499 號北角工業大廈 18 樓
　　　　　電話：（852）2138 7998
　　　　　傳真：（852）2597 4003
　　　　　網址：http://www.sunya.com.hk
　　　　　電郵：marketing@sunya.com.hk
發　　行：香港聯合書刊物流有限公司
　　　　　香港新界大埔汀麗路 36 號中華商務印刷大廈 3 字樓
　　　　　電話：（852）2150 2100
　　　　　傳真：（852）2407 3062
　　　　　電郵：info@suplogistics.com.hk
印　　刷：中華商務彩色印刷有限公司
　　　　　香港新界大埔汀麗路 36 號
版　　次：二○一四年九月初版
　　　　　10 9 8 7 6 5 4 3 2 / 2016
版權所有·不准翻印

ISBN: 978-962-08-6188-8